AF452316

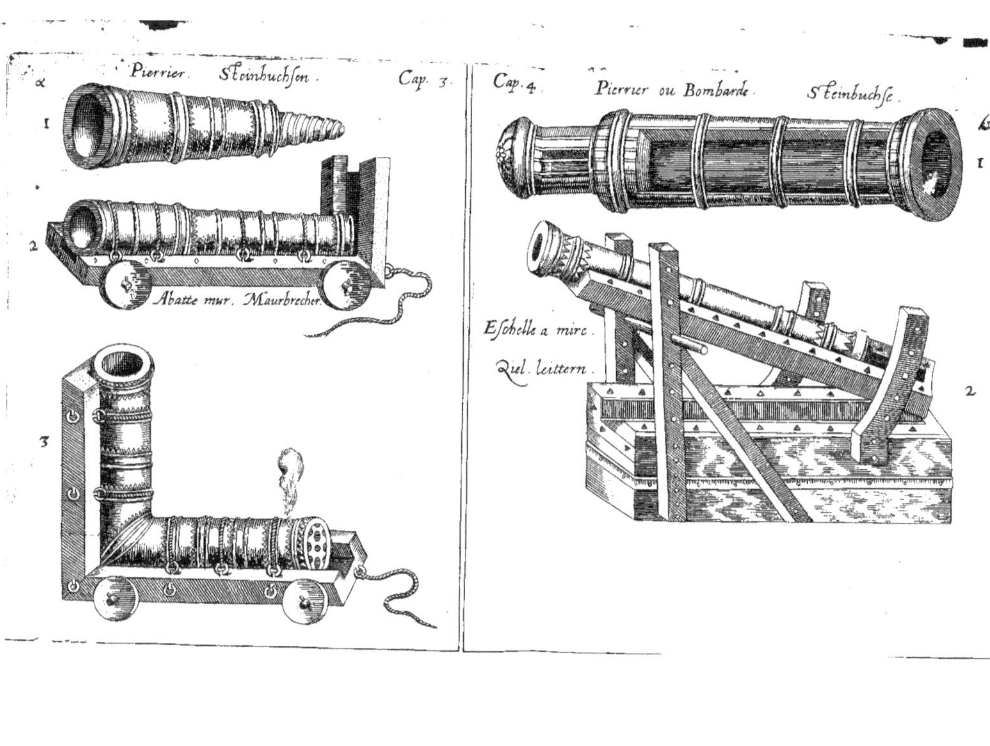
Pierrier. Steinbuchsen. Cap. 3
α
1
2
Abatte mur. Maurbrecher.
3
Cap. 4 Pierrier ou Bombarde. Steinbuchse.
I
I
Eschelle a mire.
Ziel. leittern.
2

Brochure.

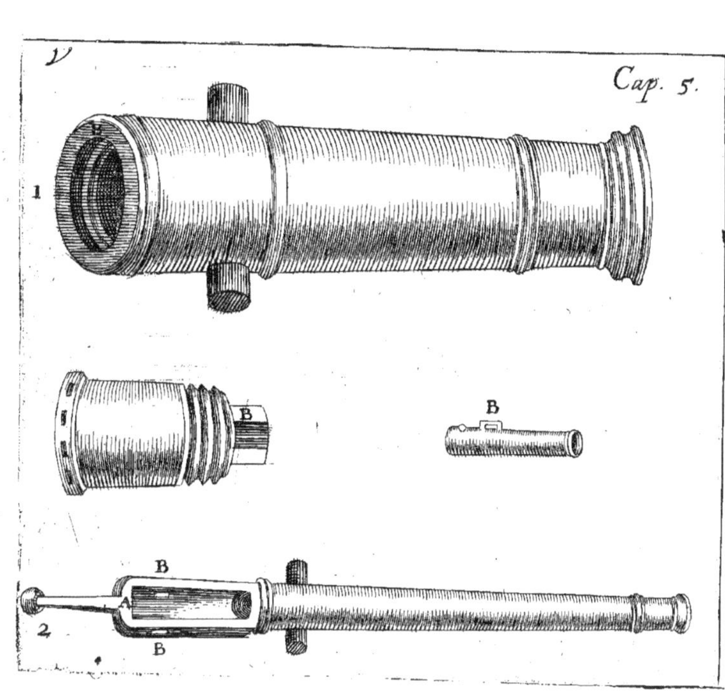
V
Cap. 5.
B
1
B
B
B
B
2

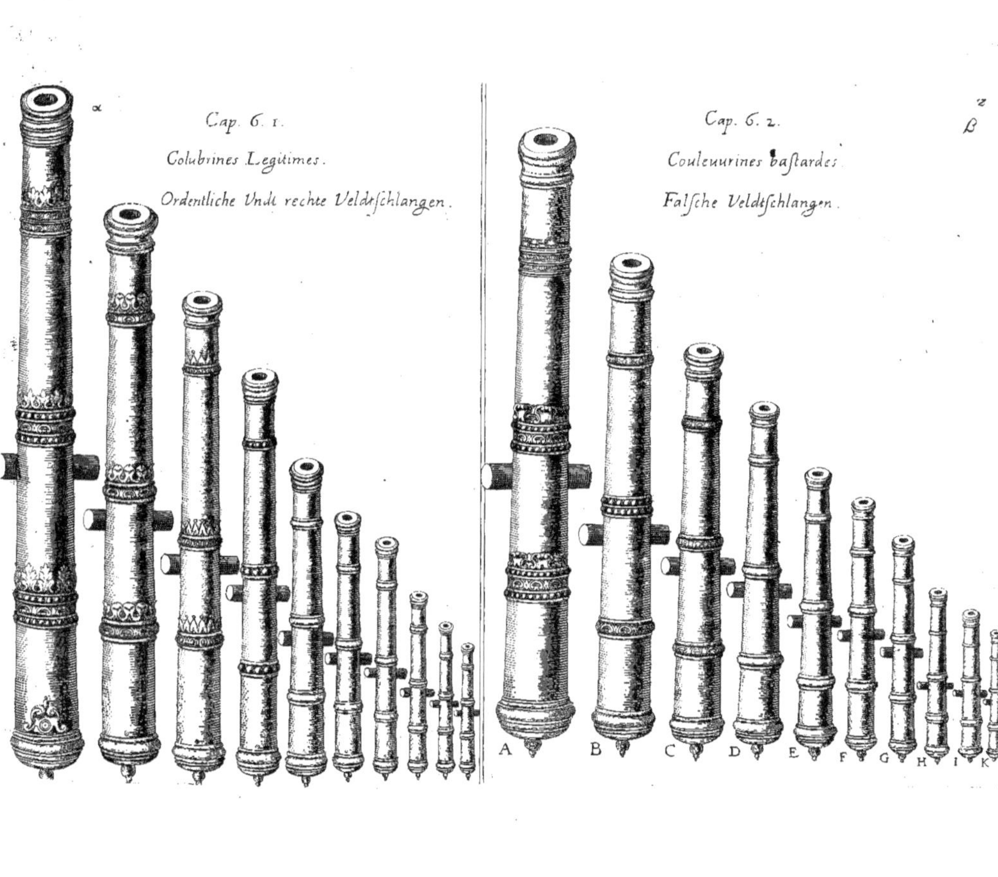

α
Cap. 6. 1.
Colubrines Legitimes.
Ordentliche Undt rechte Veldtschlangen.

z
β
Cap. 6. 2.
Couleuurines bastardes.
Falsche Veldtschlangen.

A   B   C   D   E   F   G   H   I   K

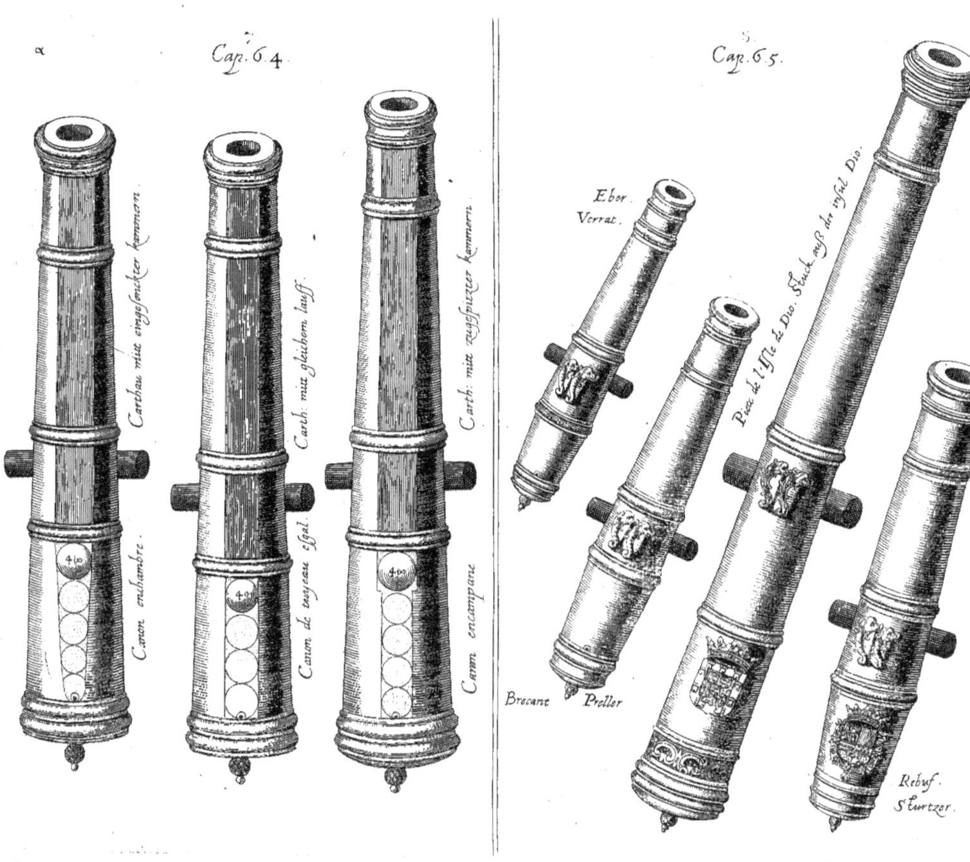

α
Cap. 6. 4.
Cap. 6. 5.
3
B
Carthau mitt eingesenckter kammern.
Carth: mitt gleichem lauff.
Carth: mitt zugespitzter kammern.
Canon enchambre.
Canon de tonneau esgal.
Canon encampane.
Eber.
Verrat.
Piece de l'Isle de Dio. Stuck auß der insul Dio.
Brecant
Preller
Rebuf.
Stürtzer.

[illegible handwritten signature]

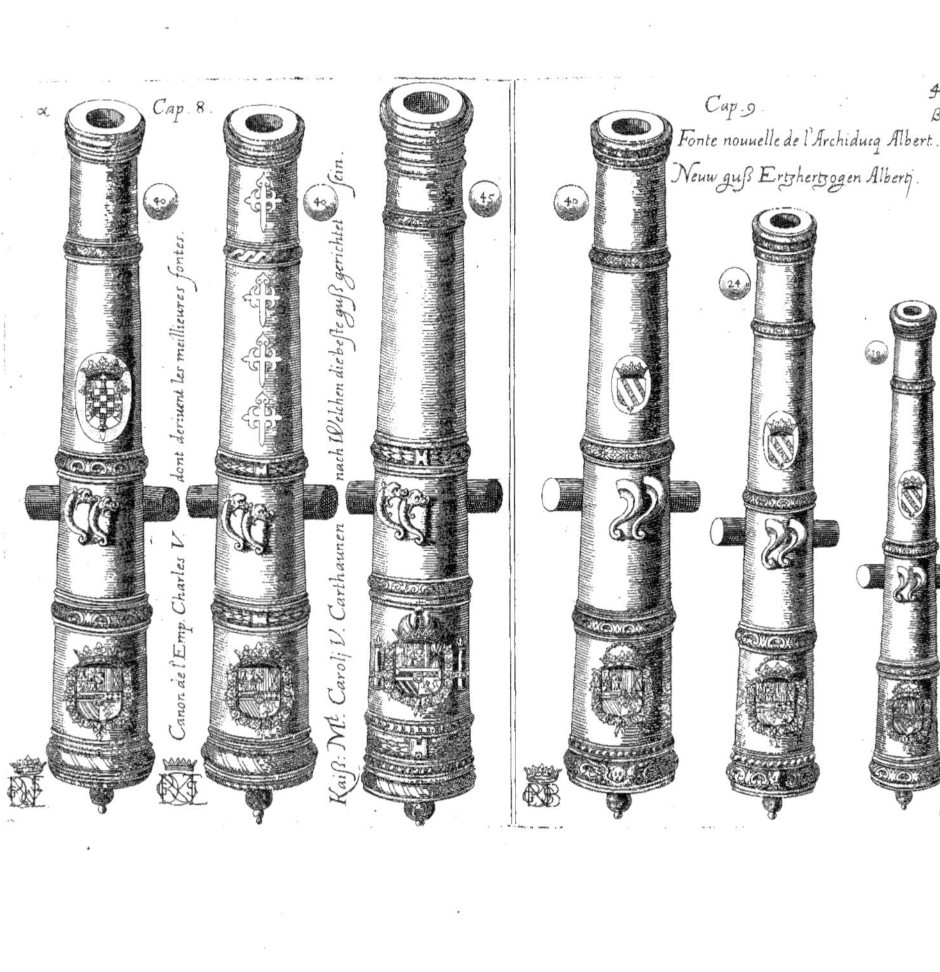
α
Cap. 8.
Cap. 9.
4
B
Fonte nouuelle de l'Archiducq Albert.
Neuw guß Ertzhertzogen Albertj.
40
48
45
40
24
18
Canon de l'Emp. Charles V
dont deriuent les meilleures fontes.
Kaiß: Mt. Caroli V. Carthaunen
nach Welchen die beste guß gerichtet san.

[illegible handwritten inscription]

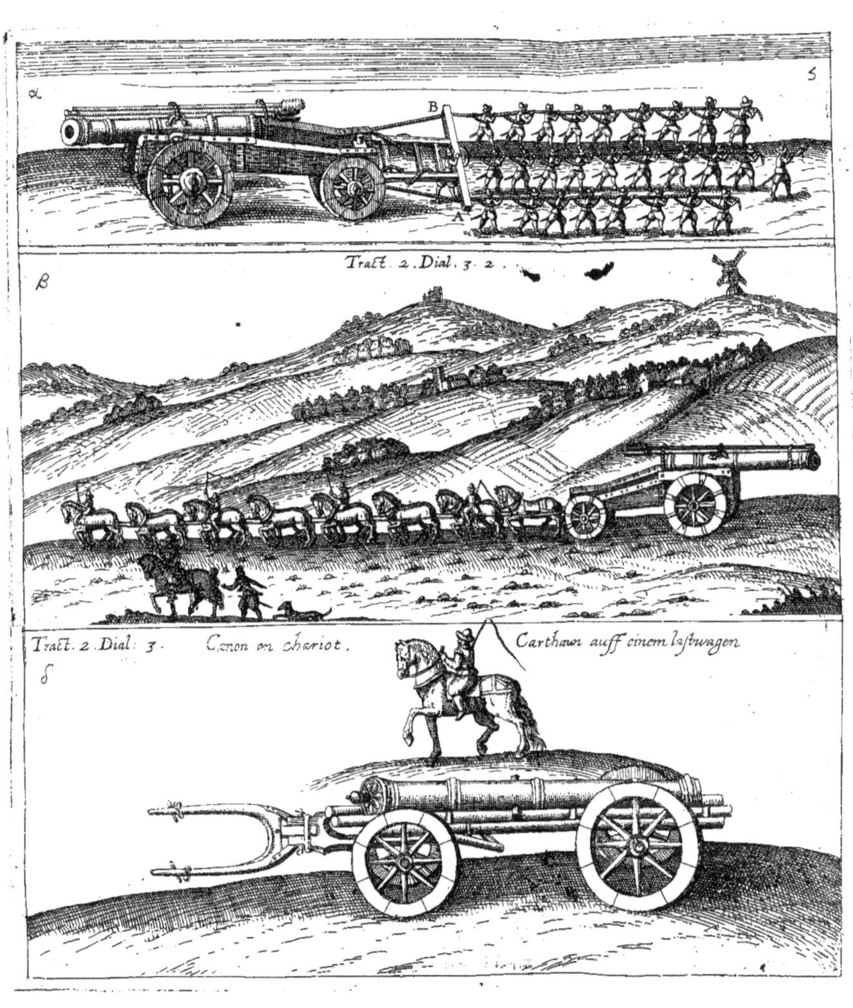
α
B
A
β
Traɛt. 2. Dial. 3. 2.
Traɛt. 2. Dial. 3.
Canon en chariot.
Carthaun auff einem lastwagen
δ

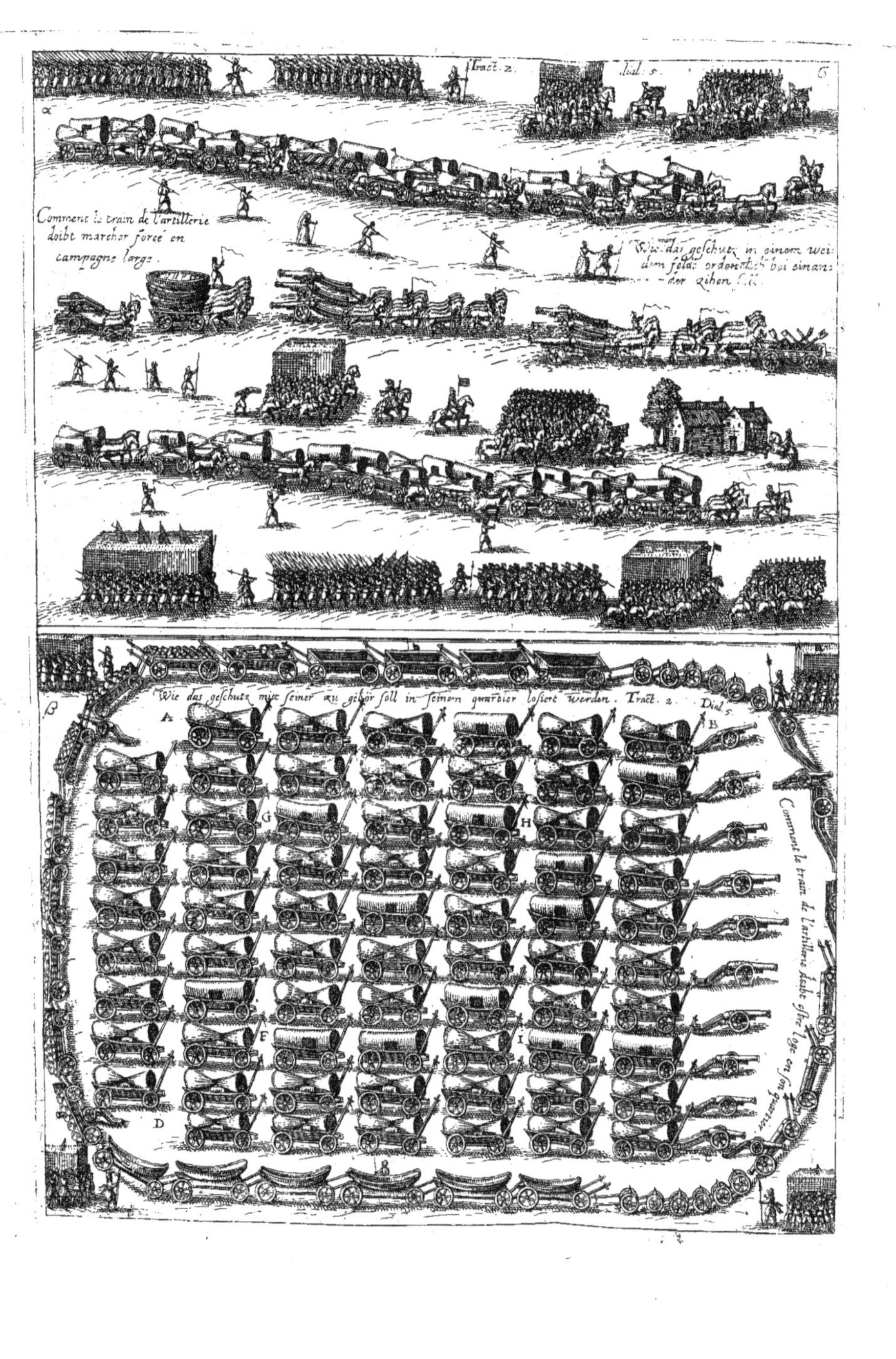
Tract. 2.
Dial. 5.
6
Comment le train de l'artillerie
doibt marcher forcé en
campagne large.
Wie das geschutz in einem wei-
ten feld: ordentlich bei einan-
der zihen soll.
Wie das geschutz mit seiner zu gehör soll in seinem quartier losiert werden. Tract. 2. Dial. 5.
Comment le train de l'artillerie doibt estre logé en son quartier
A
B
D
F
G
H
I

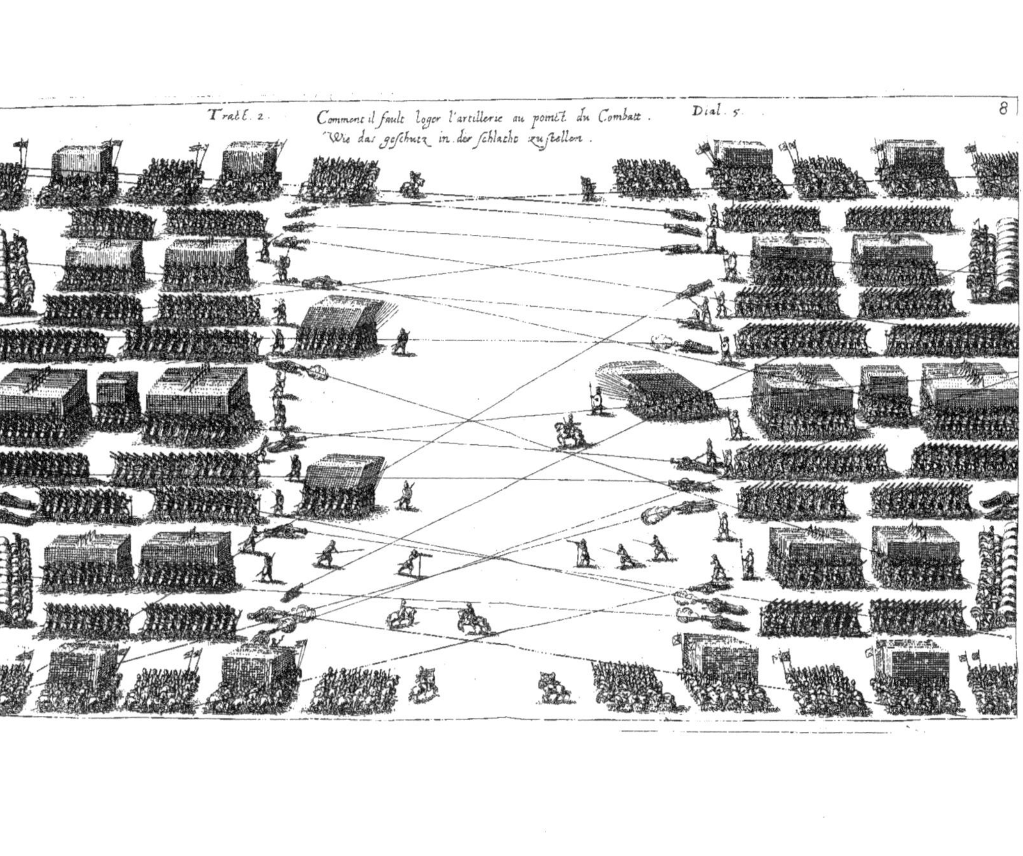

Tract. 2.   Comment il fault loger l'artillerie au poinct du Combatt.   Dial. 5.
Wie das geschutz in der schlacht zustellen.

[illegible]

Quelles pieces sont de plus grand effect celles qui sont logees en la campagne
ou celles qui se tiennent plus hault aux murailles des villes et fortcresses.

Welhe stuck am starkesten die vnden im feldt oder
die oben auff der statt mauren stehen.

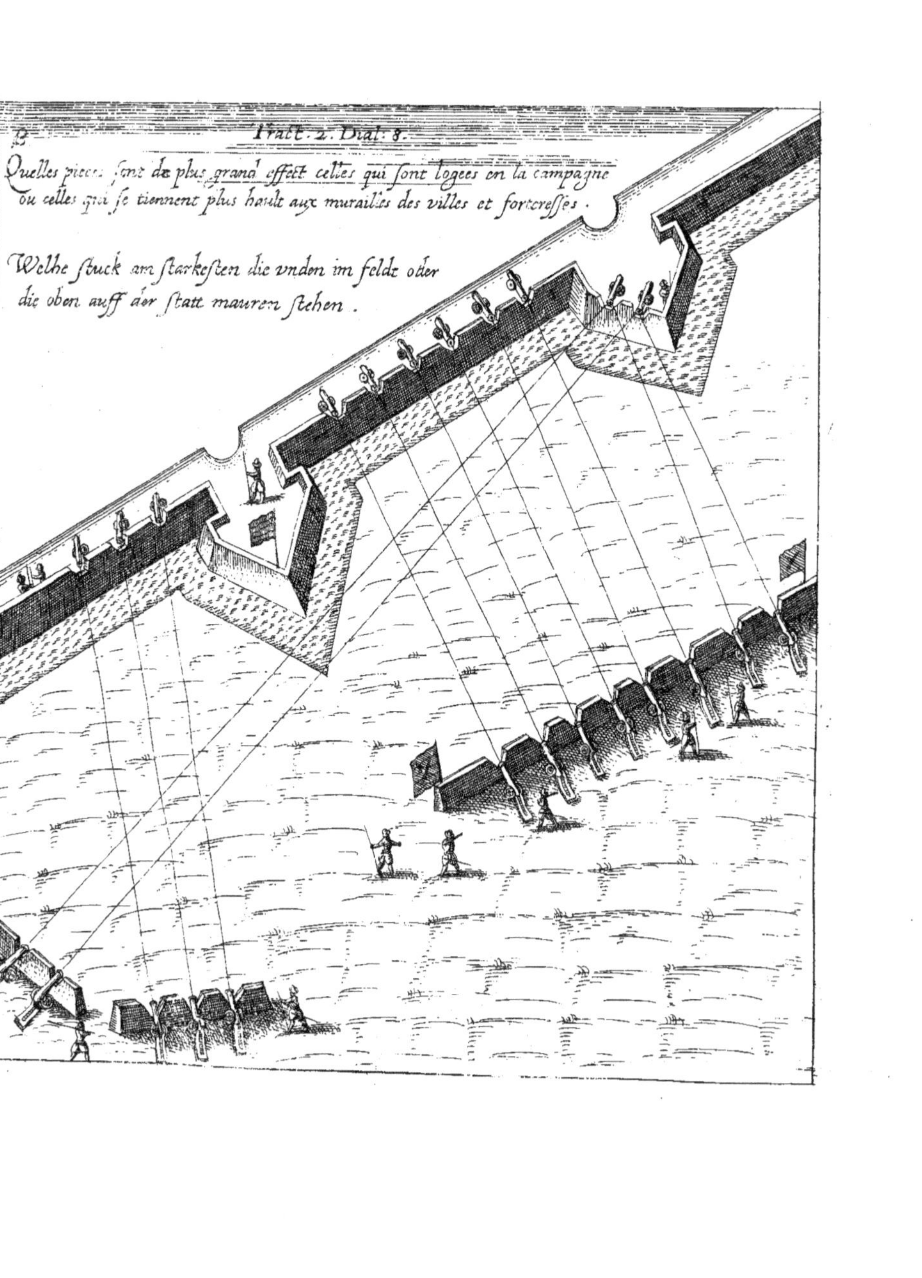

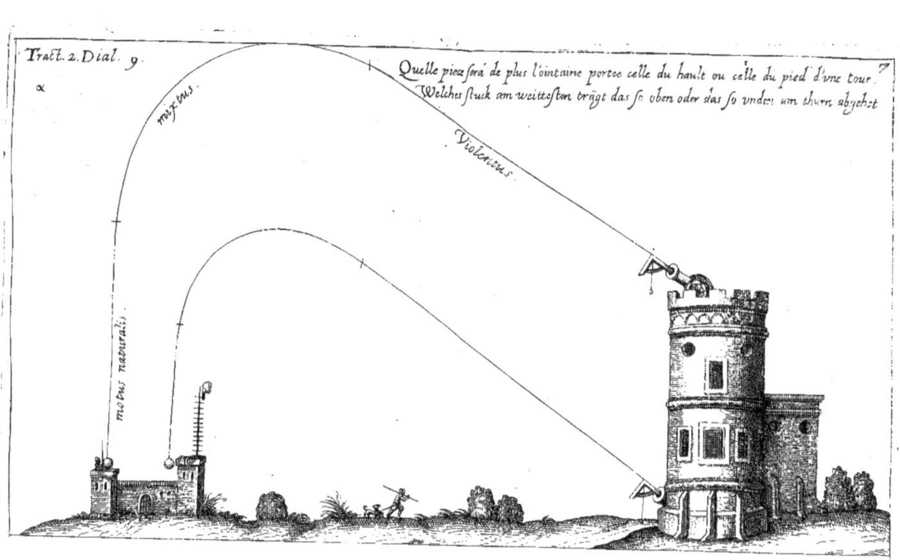

Tract. 2. Dial. 9.
α
mixtus
motus naturalis
Violentius
Quelle piece sera de plus l'ointaine portee celle du hault ou celle du pied d'vne tour.
Welches stuck am weittesten trägt das so oben oder das so vnden am thurn abgehet

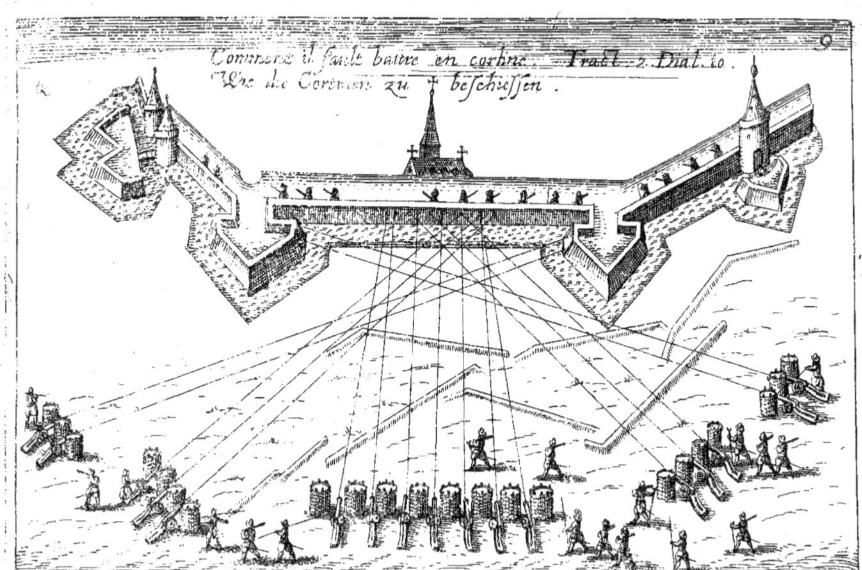

Comment il fault battre en corbine.   Tract. 2. Dial. 10.
Wie die Corbinen zu + beschiessen.
9

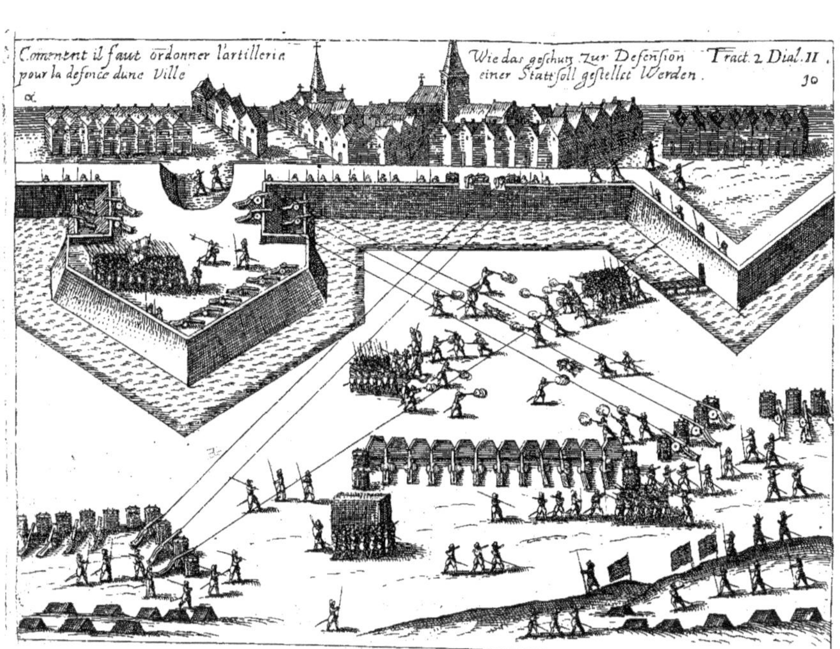

Comment il faut ordonner l'artillerie
pour la defence dune Ville
Wie das geschutz Zur Defension
einer Statt soll gestellet Werden.
Tract. 2. Dial. II.
30

Comment pour plus grande asseurance des pieces se fait vne double batterie
Wie zu mehrer verwahrung der stuck eine doppele batteria zumachen.

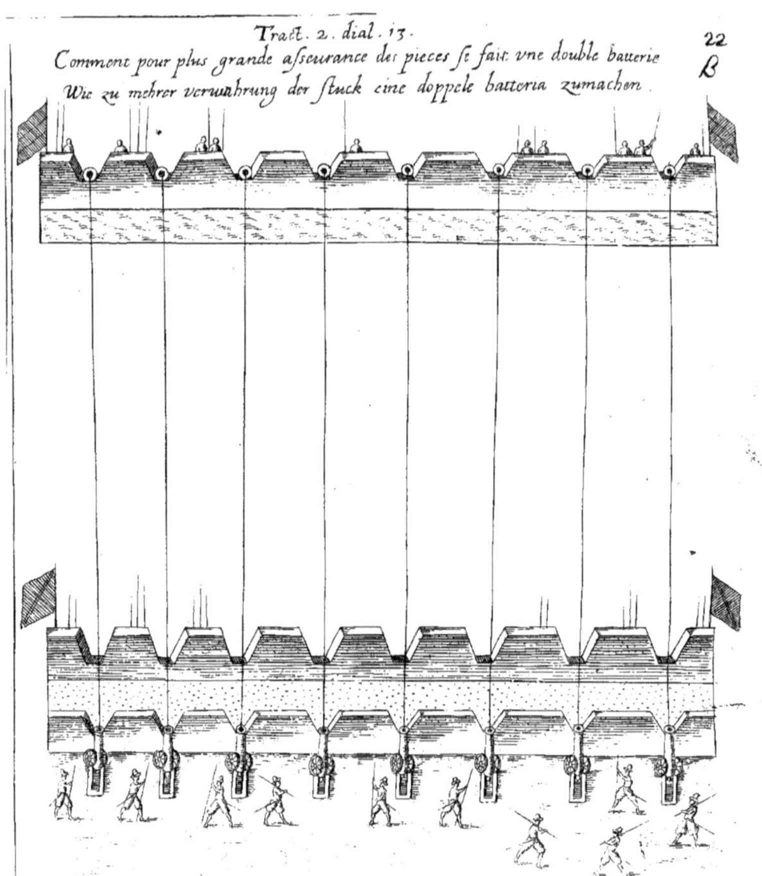

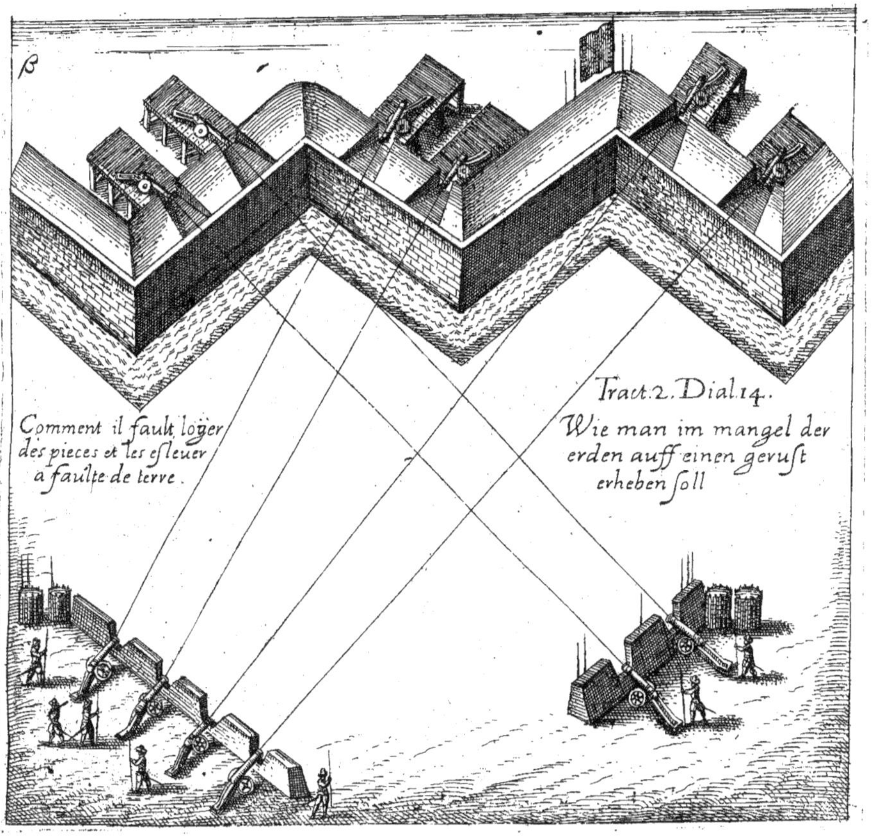

Tract.2. Dial.14.
Wie man im mangel der
erden auff einen gevust
erheben soll
Comment il fault loger
des pieces et les esleuer
a faulte de terre.

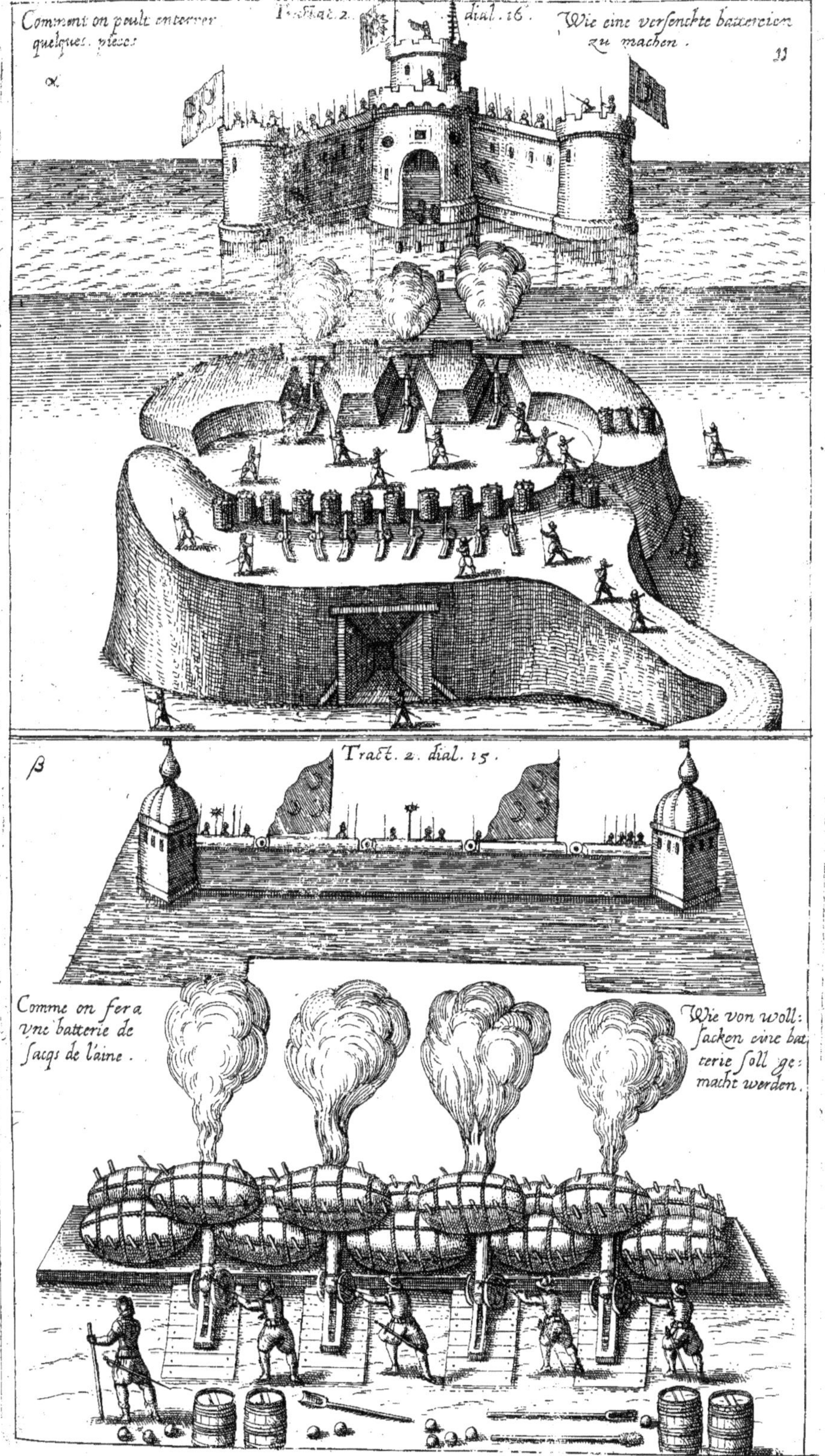

Comme on fera
vne batterie de
sacqs de l'aine.

Wie von woll:
sacken eine bat
terie soll ge:
macht werden.

Comment il fault loger des pieces secretes en un bastion.
Wie heimliche stuck in einer pasteyen zu gebrauchen
Tract. 2. Dial. 17.

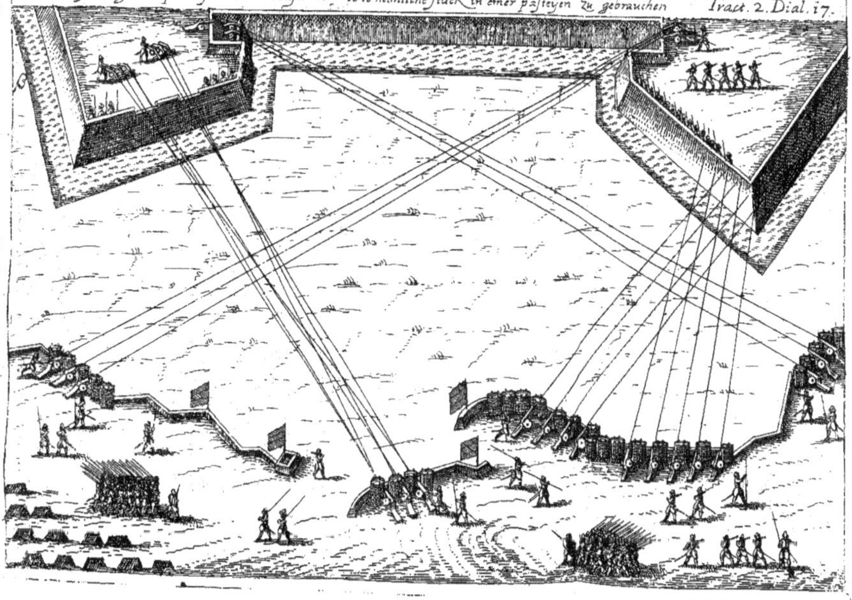

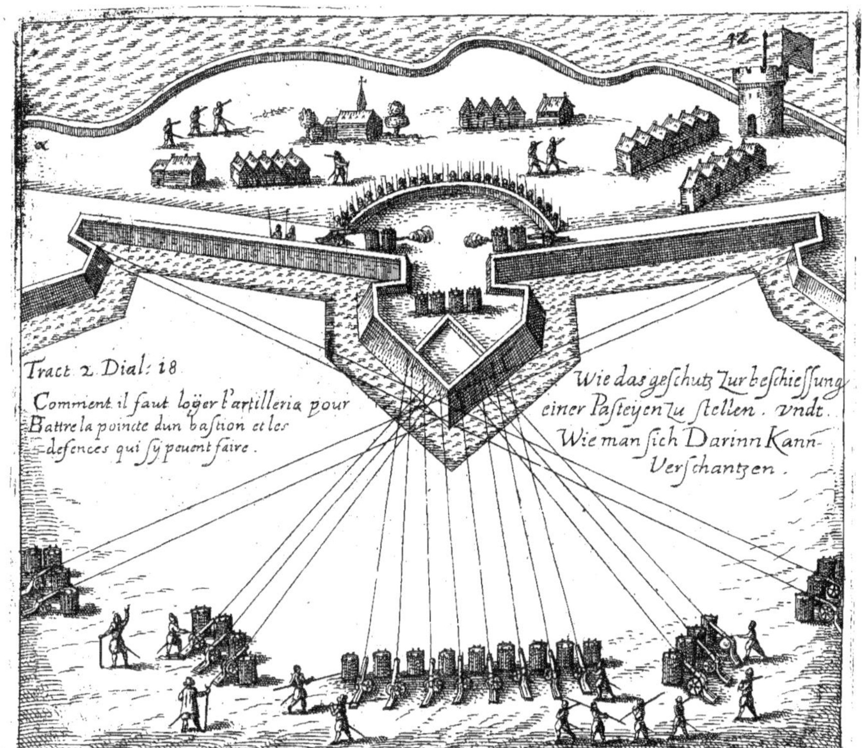

Tract 2. Dial: 18.

Comment il faut loger l'artilleria pour
Battre la poincte dun bastion et les
defences qui sy peuent faire.

Wie das geschutz Zur beschiessung
einer Pasteyen zu stellen. vndt.
Wie man sich Darinn Kann
Verschantzen.

Quelle sera de plus grande portee la Colubrine ou le Canon.
Welches stuck am weitesten trägt die Colubrina oder die Carthaunē

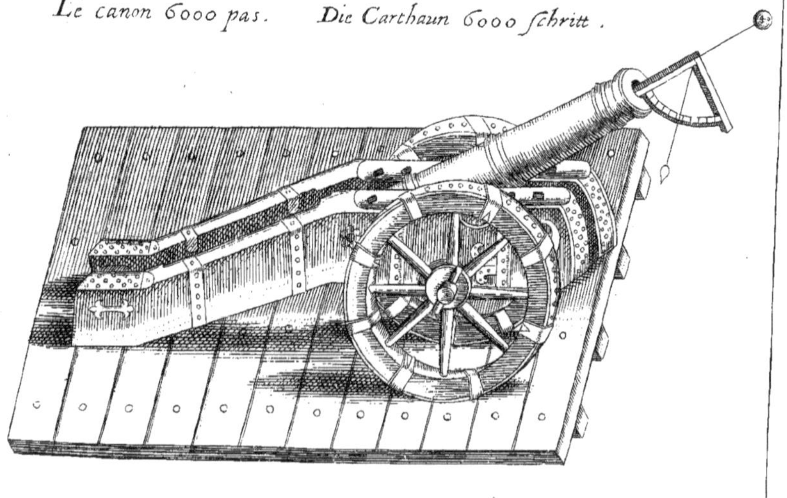

En tel poinct la Colubrine portera 7000 pas. quelq̃ peu plus ou moins.
In solcher erhöhung trägt die Colubrina vngefehrlich 7000 schritt.

Le canon 6000 pas.   Die Carthaun 6000 schritt.

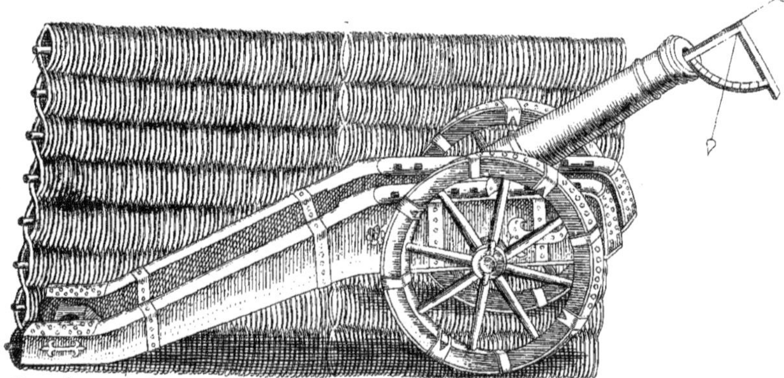

Comment il fault pour faulte de chevaulx conduire avecq les munitions que l'artillerie
Wie im mangel der pferd de heiden munition vnd geschutz vort zu bringen

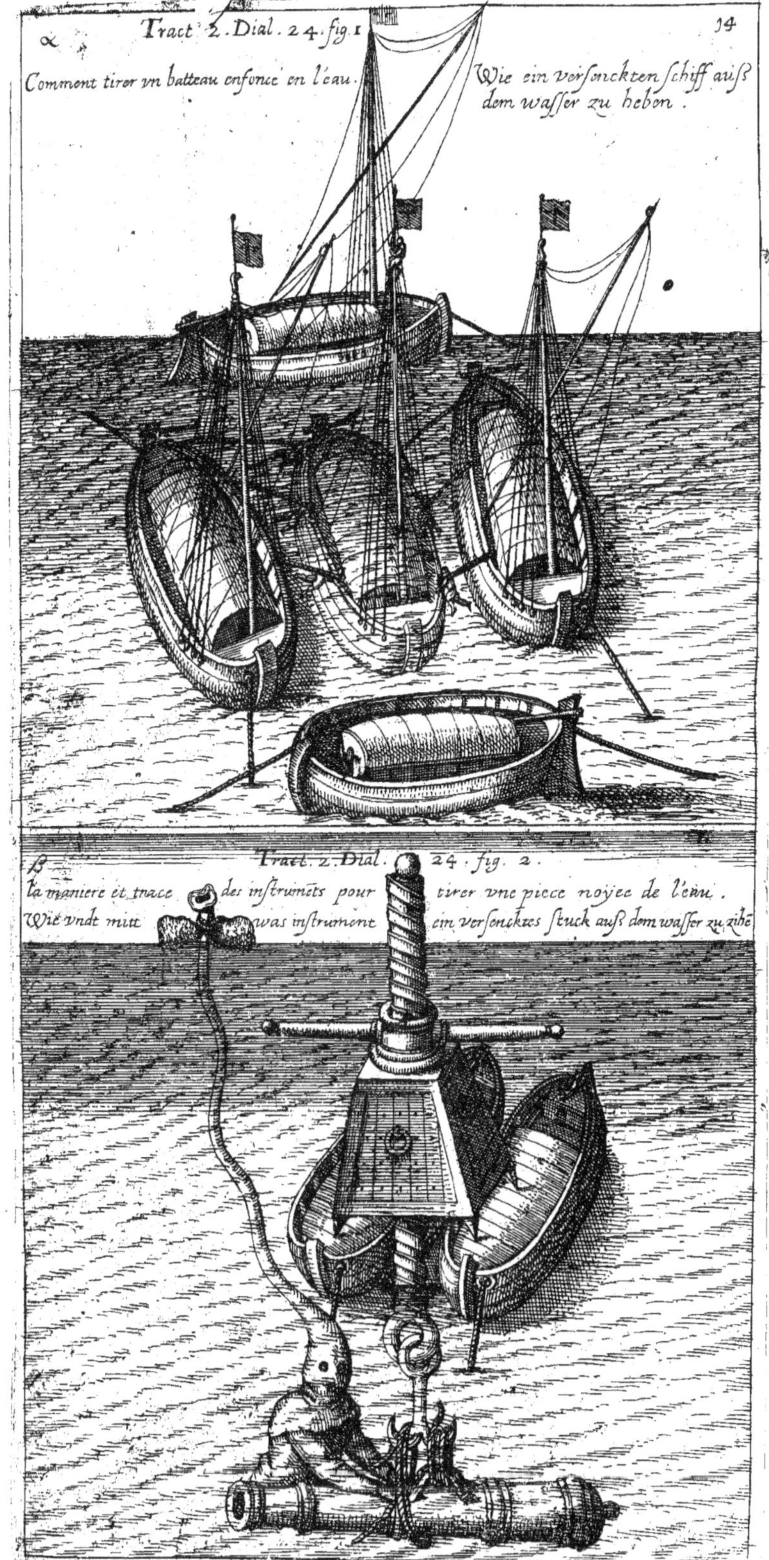

α Tract. 2. Dial. 24. fig. 1
Comment tirer vn batteau enfoncé en l'eau.
Wie ein versenckten schiff auß dem wasser zu heben.
β Tract. 2. Dial. 24. fig. 2.
la maniere et trace des instrumēts pour tirer vne picce noyee de l'eau.
Wie vndt mitt was instrument ein versencktes stuck auß dem wasser zu zihē

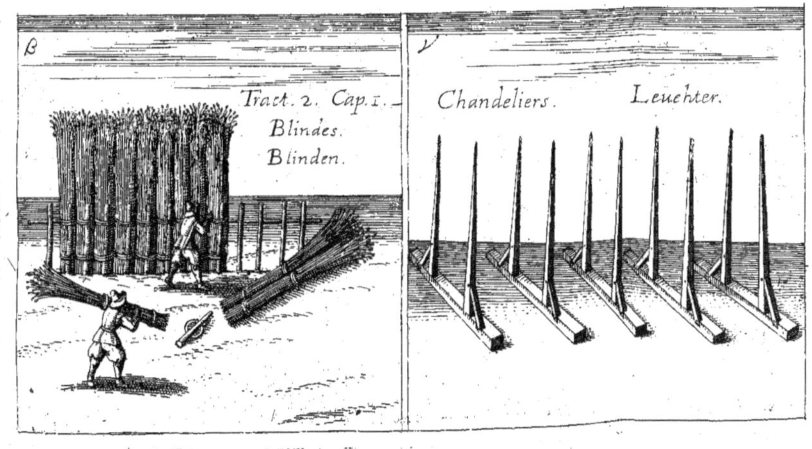
β
Tract. 2. Cap. 1.
Blindes.
Blinden.
Chandeliers.
Leuchter.

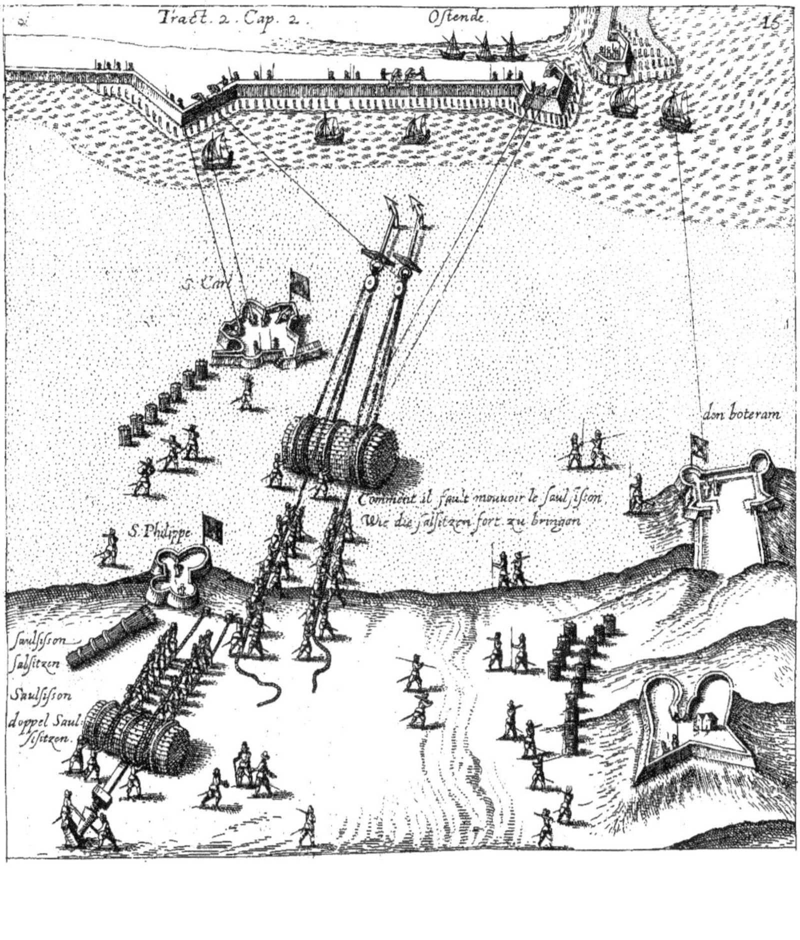

S. Carl
don boteram
Commeut il fault mouuoir le saulsisson
Wie die salsitzen fort zu bringon
S. Philippe
Saulsisson
salsitzen
Saulsisson
doppel Saul-
sisitzen.

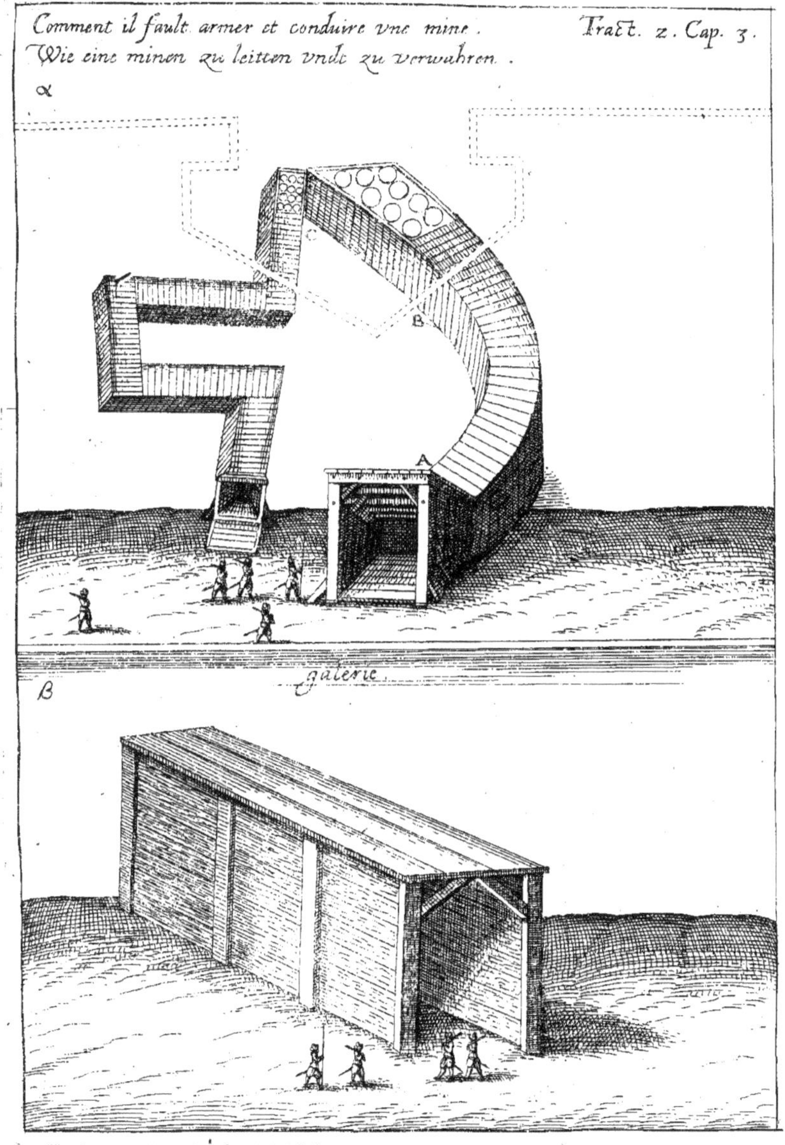

Comment il fault armer et conduire vne mine.
Wie eine minen zu leitten vnde zu verwahren.
Tract. 2. Cap. 3.
α
B
A
galerie
β

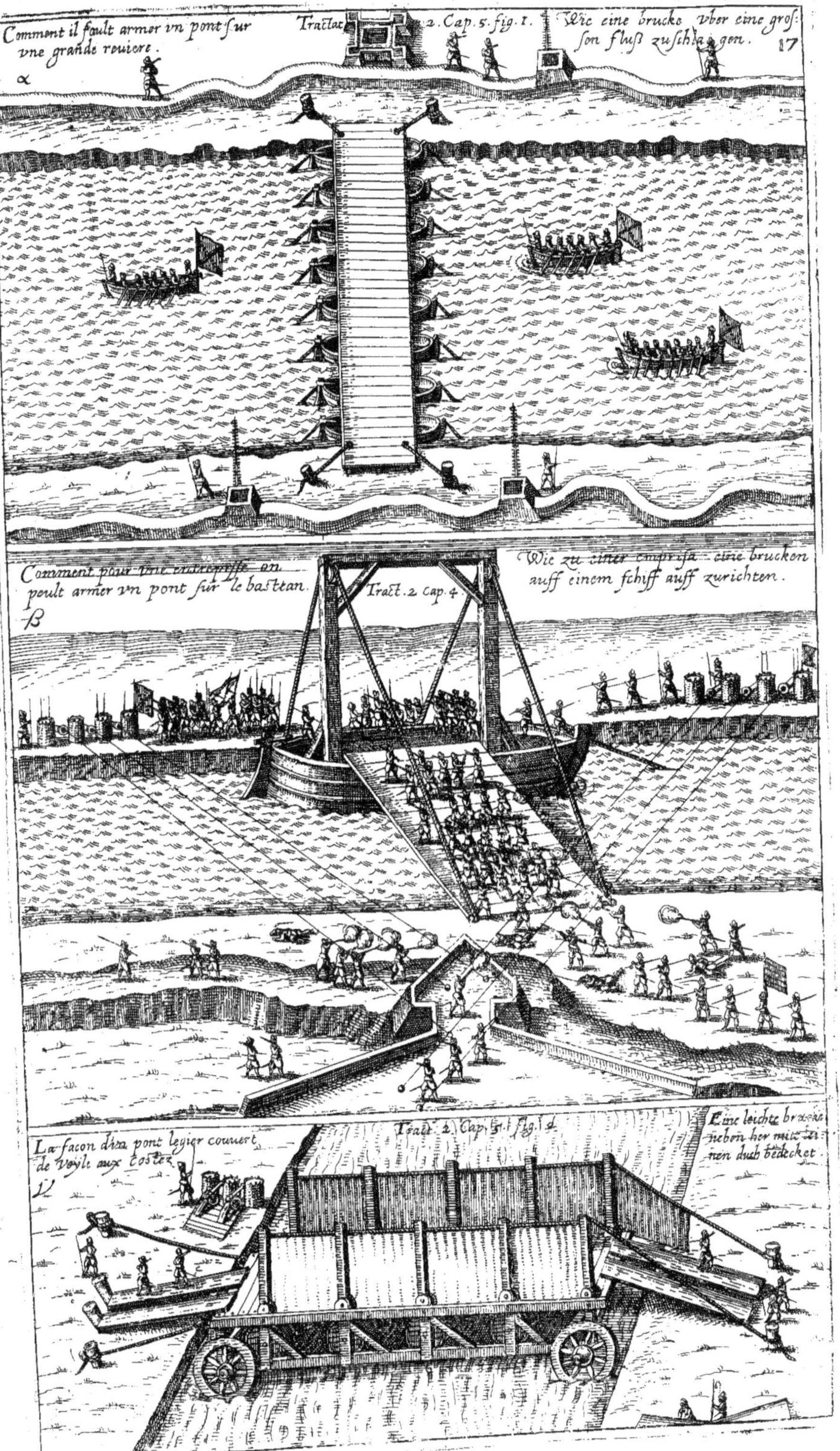

Comment il fault armer vn pont sur vne grande reuiere.
Tractat 2. Cap. 5. fig. 1.
Wie eine brucke vber eine grossen fluss zuschlagen.
17
α
Comment pour vne entreprisse on peult armer vn pont sur le basttan.
Tract. 2. Cap. 4.
Wie zu einer engirisa eine brucken auff einem schiff auff zurichten.
β
La facon d'vn pont legier couuert de voyle aux costez.
Tract. 2. Cap. 5. fig. 4.
Eine leichte brucke nebon her mit den nen duch bedecket.

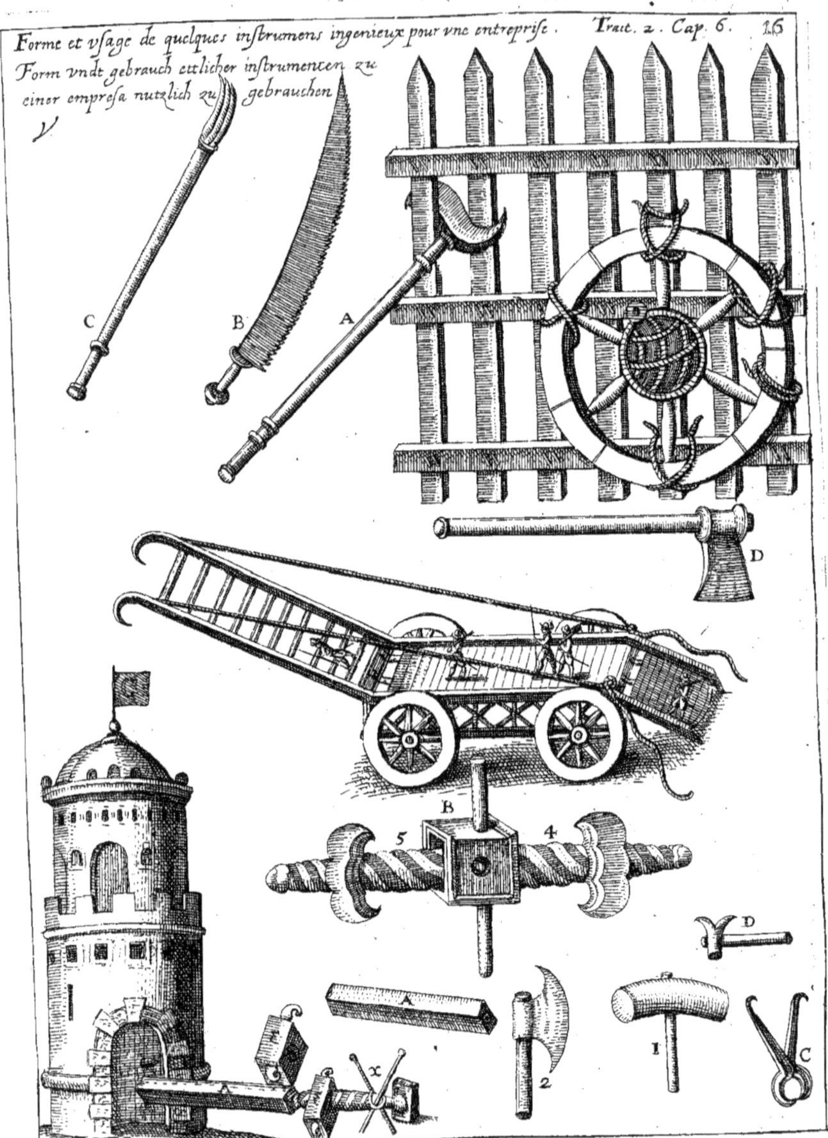

Forme et vsage de quelques instrumens ingenieux pour vne entreprise.   Trait. 2. Cap. 6.   16
Form vndt gebrauch ettlicher instrumenten zu
einer empresa nutzlich zu gebrauchen

Comment il fault charger et attacher le petart.
Wie ein petart zu laden vnd an zu hangen.

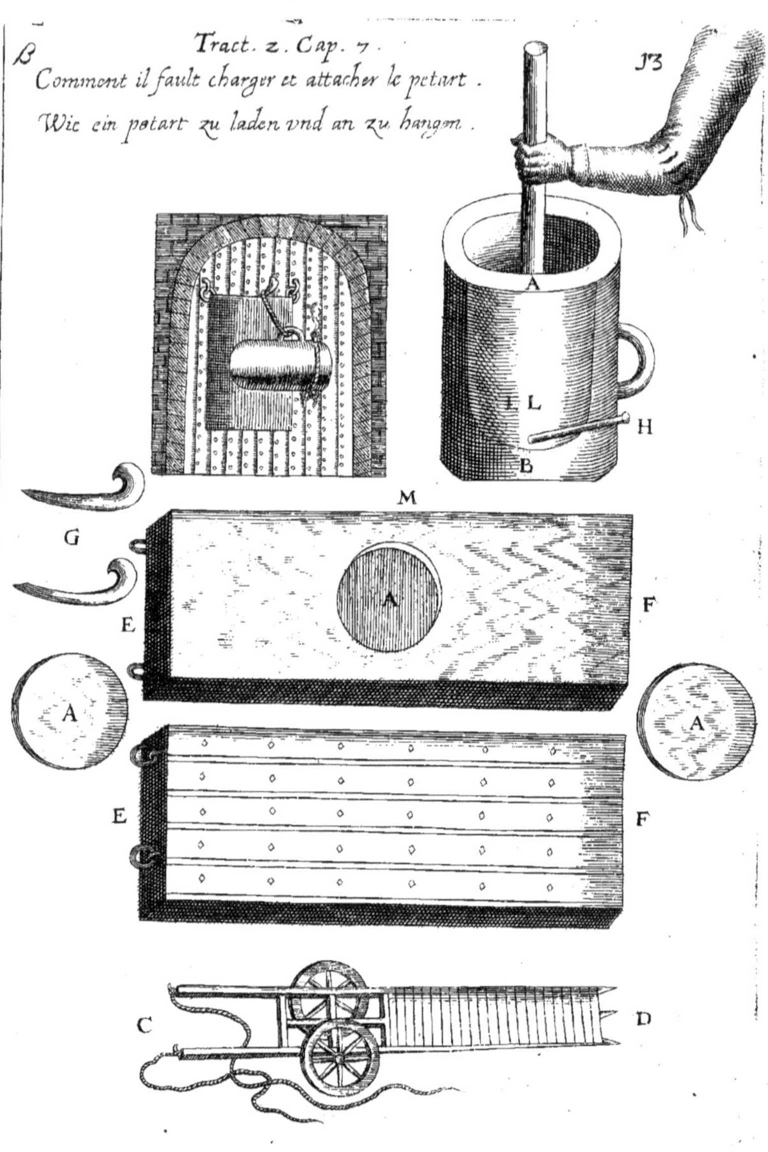

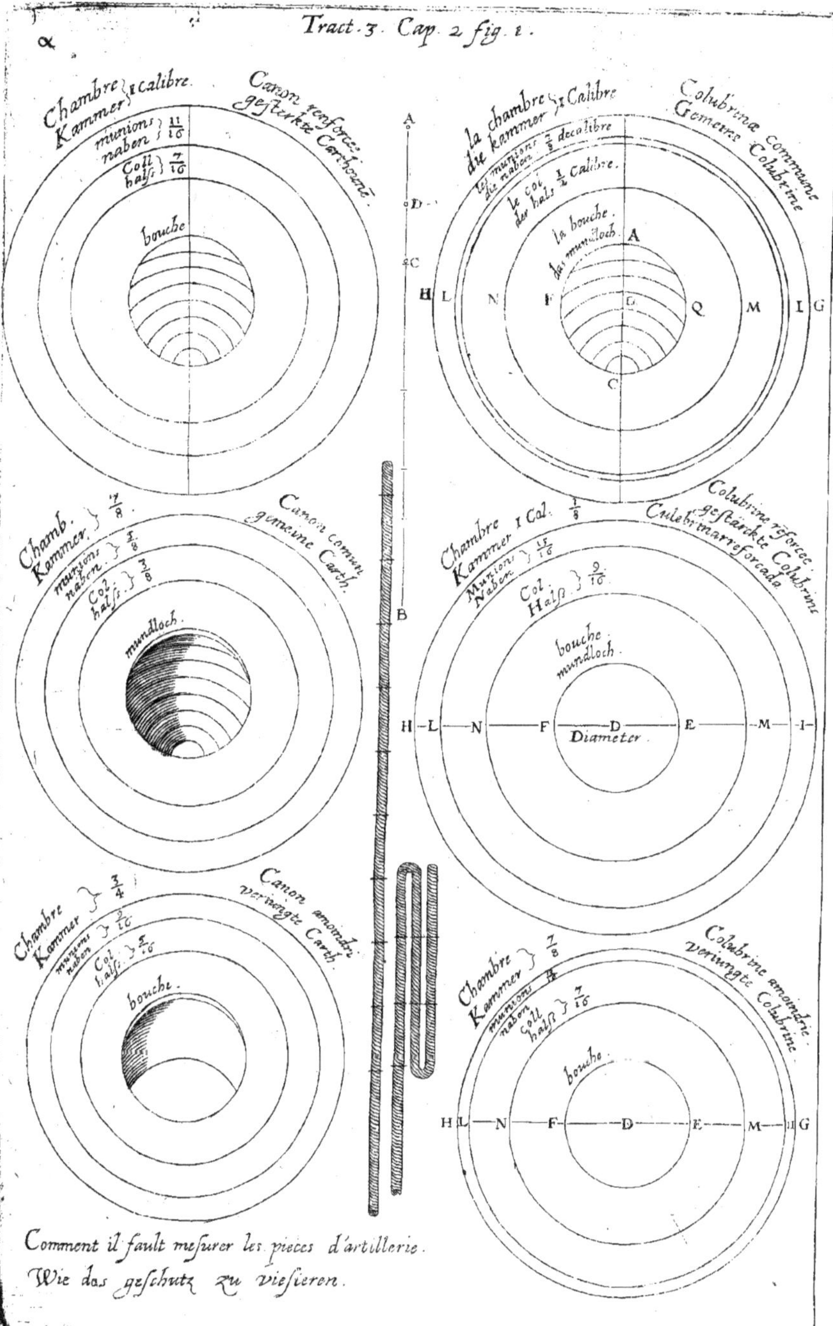

Comment il fault mesurer les pieces d'artillerie.
Wie das geschutz zu visieren.

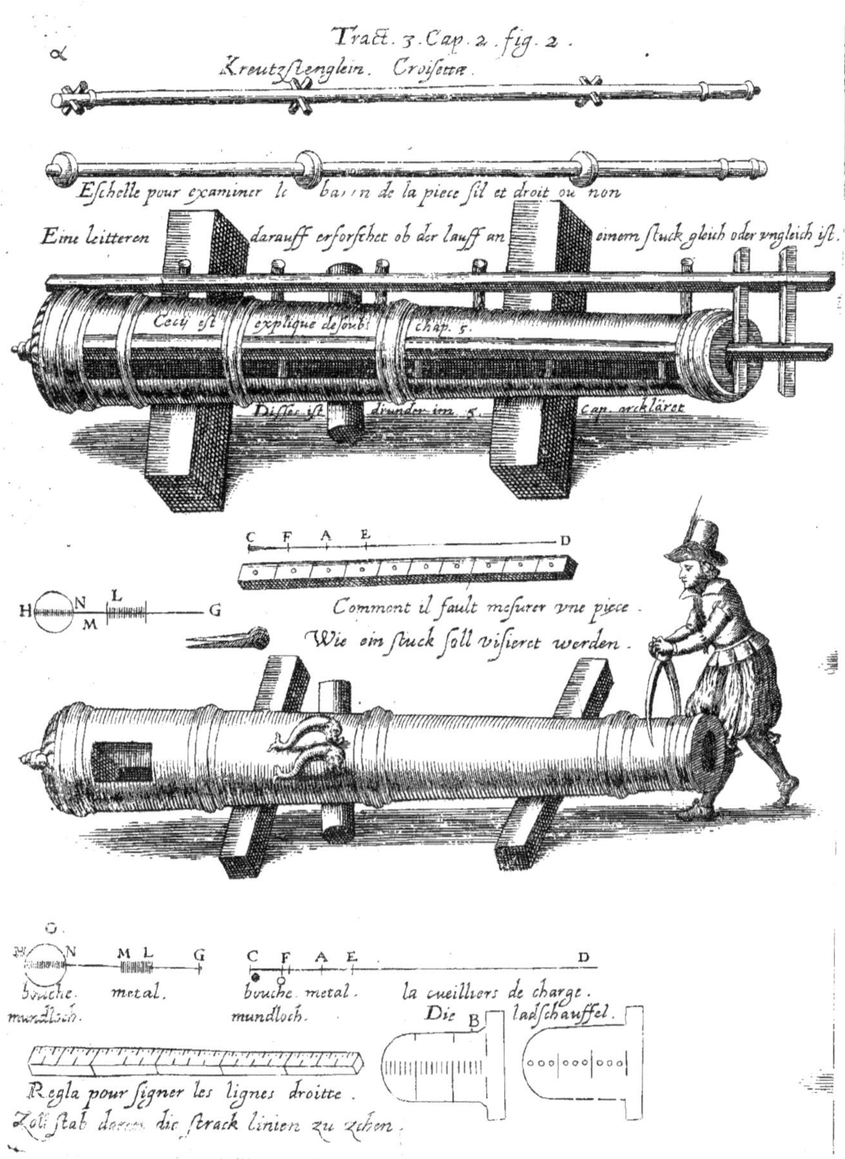

Tract. 3. Cap. 2. fig. 2.
Kreutzstenglein. Croisette.
Eschelle pour examiner le bassin de la piece sil et droit ou non
Eine leitteren darauff erforschet ob der lauff an einem stuck gleich oder vngleich ist.
Cecy est explique desoubt chap. 5.
Disses ist drunder im 5. Cap. erckläret.
C F A E D
H N L G
M
Comment il fault mesurer vne piece.
Wie ein stuck soll visieret werden.
O N M L G C F A E D
bouche. metal. bouche. metal. la cueilliers de charge.
mundloch. mundloch. Die B ladschauffel.
Regla pour signer les lignes droitte.
Zoll stab darmit die strack linien zu zehen.

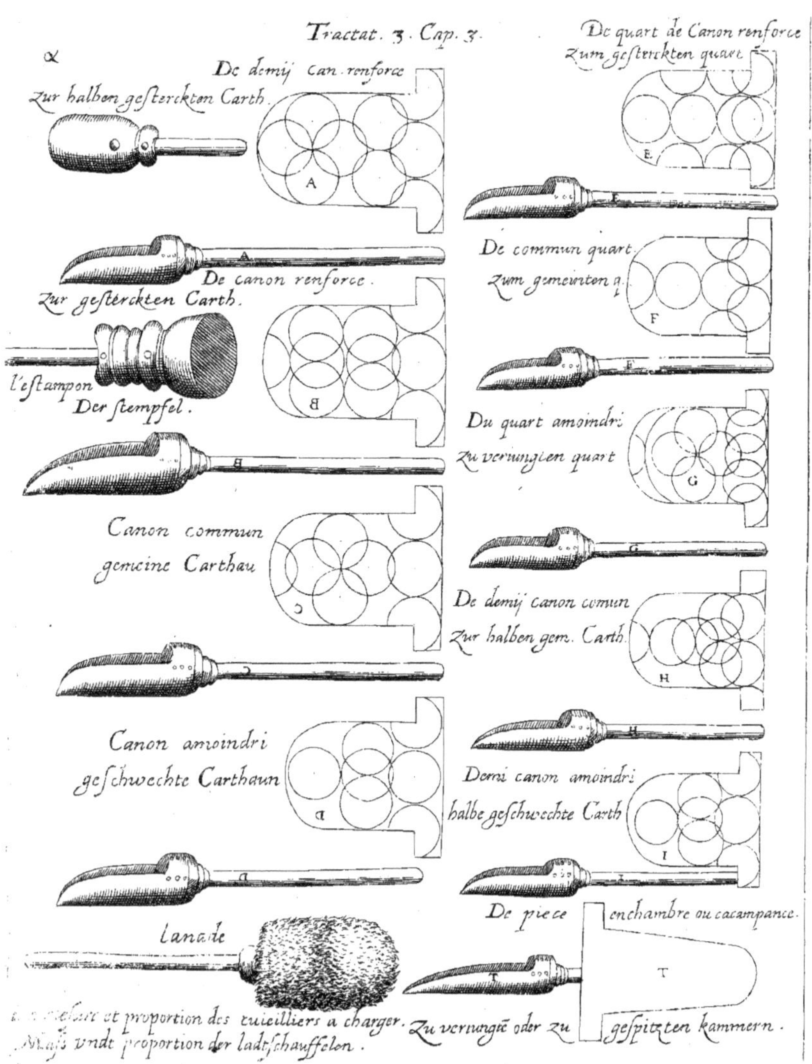

Tractat. 3. Cap. 3.
α
Zur halben gestreckten Carth.
De demij Can. renforce
A
De quart de Canon renforce
Zum gesterckten quart
E
Zur gesterckten Carth.
De canon renforce.
B
l'estampon
Der stempfel.
De commun quart
Zum gemeinten q.
F
Canon commun
gemeine Carthau
C
Du quart amoindri
Zu verungien quart
G
Canon amoindri
geschwechte Carthaun
a
De demij canon comun
Zur halben gem. Carth.
H
Demi canon amoindri
halbe geschwechte Carth
I
lanade
De piece   enchambre ou cacampance.
T
mesure et proportion des cueilliers a charger.
Mass vndt proportion der ladtschauffelon.
Zu verungen oder zu   gespitzten kammern.

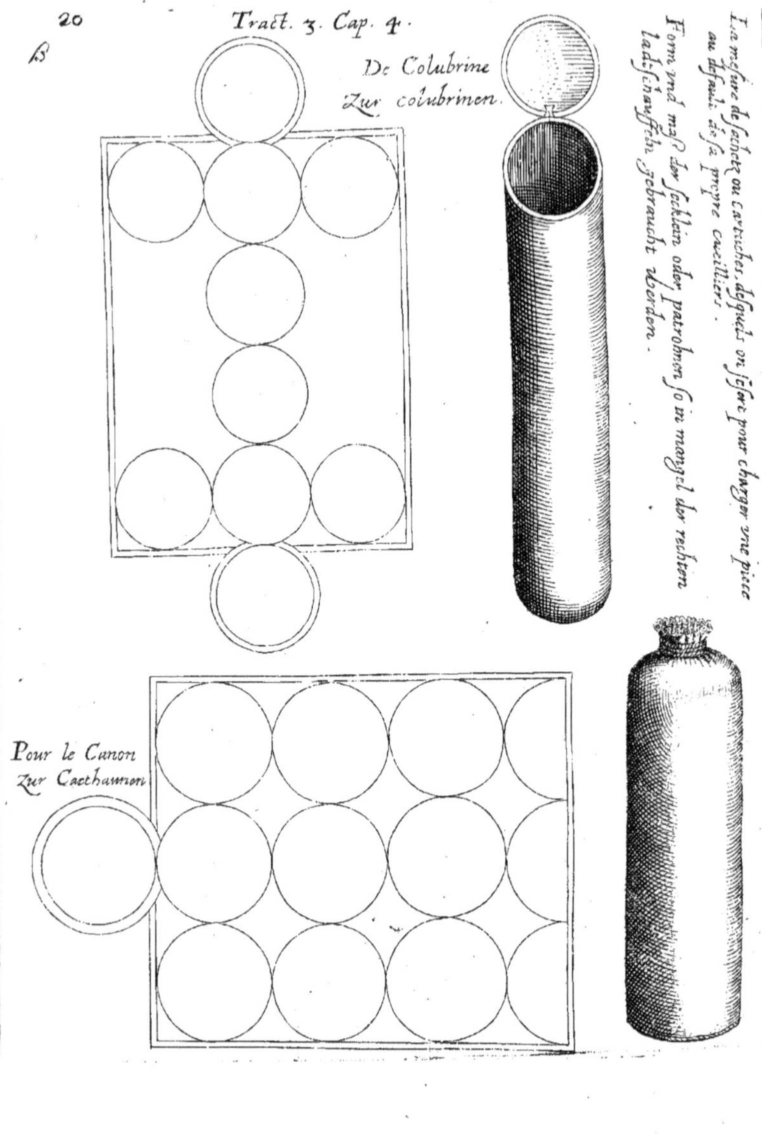
Tract. 3. Cap. 4.
De Colubrine
Zur colubrinen.
Pour le Canon
Zur Carthaunen.
La mesure de seboez ou cartuches, desquels on sesert pour charger une piece
au defaut de sa propre cuelliere.
Form und maß der seklein oder patrohnen so in mangel der rechten
ladschauffeln gebraucht werden.

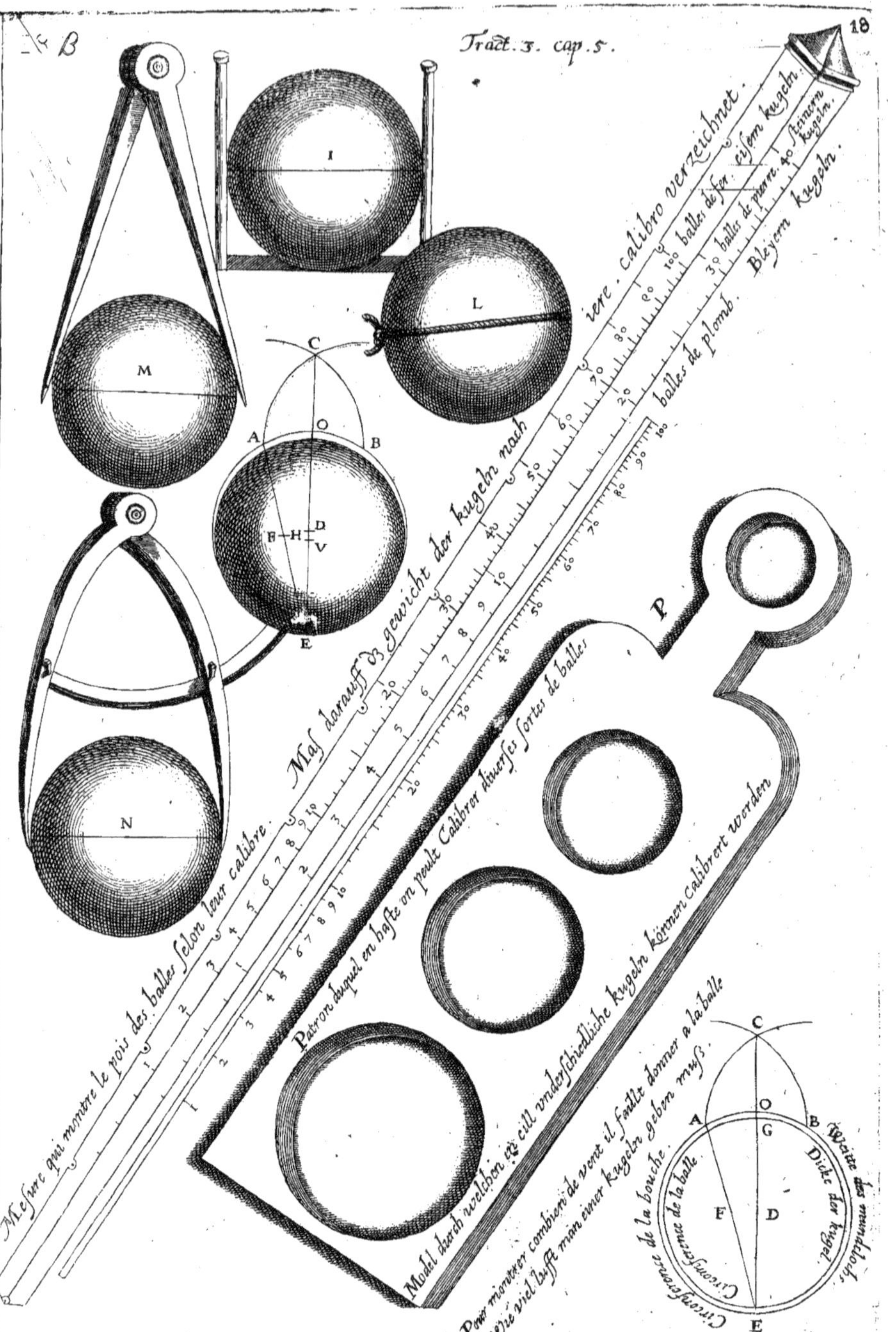
B
I
L
M
N
P
A O B
C
F H D V
E
iere. calibro verzeichnet.
100 balles de fer. eisern kugeln.
30. balles de pierre. 40. Steinern kugeln.
balles de plomb. Bleyern kugeln.
Maß darauff das gewicht der kugeln nach
Mesure qui monstre le pois des balles selon leur calibre.
Patron duquel en haste on peult Calibrer diverses sortes de balles
Modl durch welchen ex vill underschiedliche kugeln können calibrert werden
Pour monstrer combien de vent il fault donner a la balle
Wie viel lufft man einer kugeln geben muß.
A O B
C
F G D
E
Circonference de la bouche
Circonference de la balle
Weitte des mundlochs
Dicke der kugel.

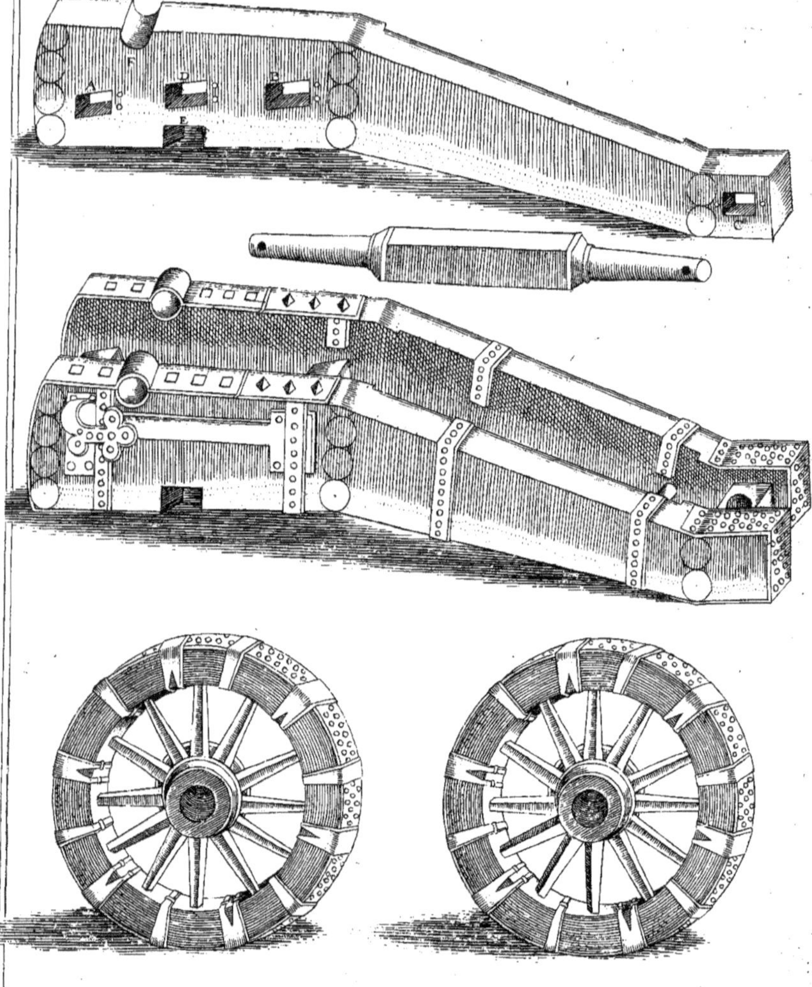

Guindal.
der bock oder heber.
Martinet.
Winde.
Pied de chevre.
geiß fuß.
Leuier.
hebel.
Eschelette.
hebleiterlein
A

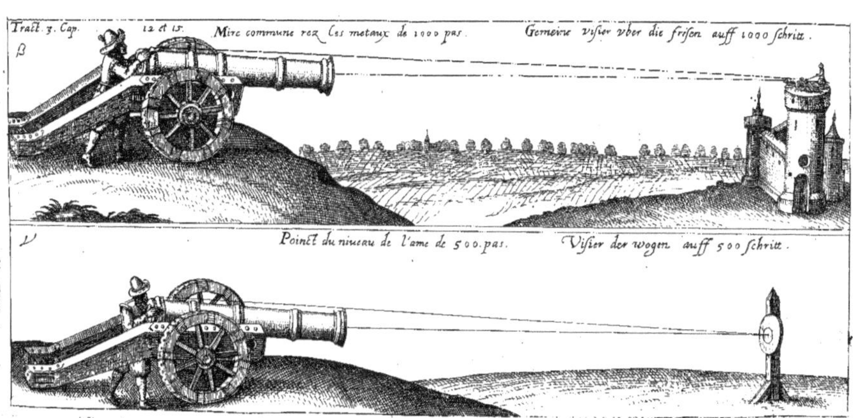

Tract. 3. Cap.   12 et 15.   Mire commune rez les metaux de 1000 pas.   Gemeine visier vber die frisen auff 1000 schritt.
β
ν   Poinct du niueau de l'ame de 500. pas.   Visier der wogen auff 500 schritt.

La facon forme de repartement des quadrantz.
Form vndt abtheillung der quadrenten.

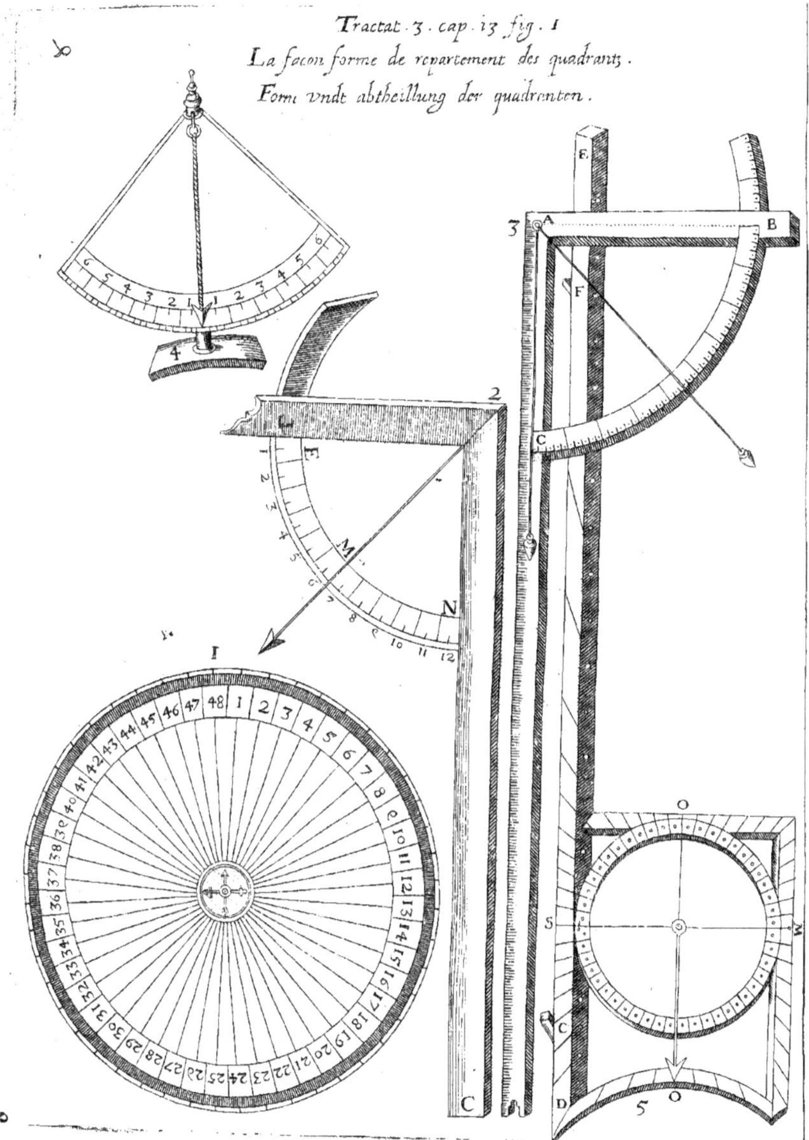

α
G
Comment il fault appliquer le quadrant.
Wie der quadrant anzuschlagen
Tractat. 3. Cap. 13. fig. 2.
A B C D E F G H I L M N O
A B C D E F G H I L M N O
G
F
E
D
C
B
A
170
1132
H
1065
I
937
L
755
M
487
N
200
O
Poinct du niueau.
Punct der wagen.

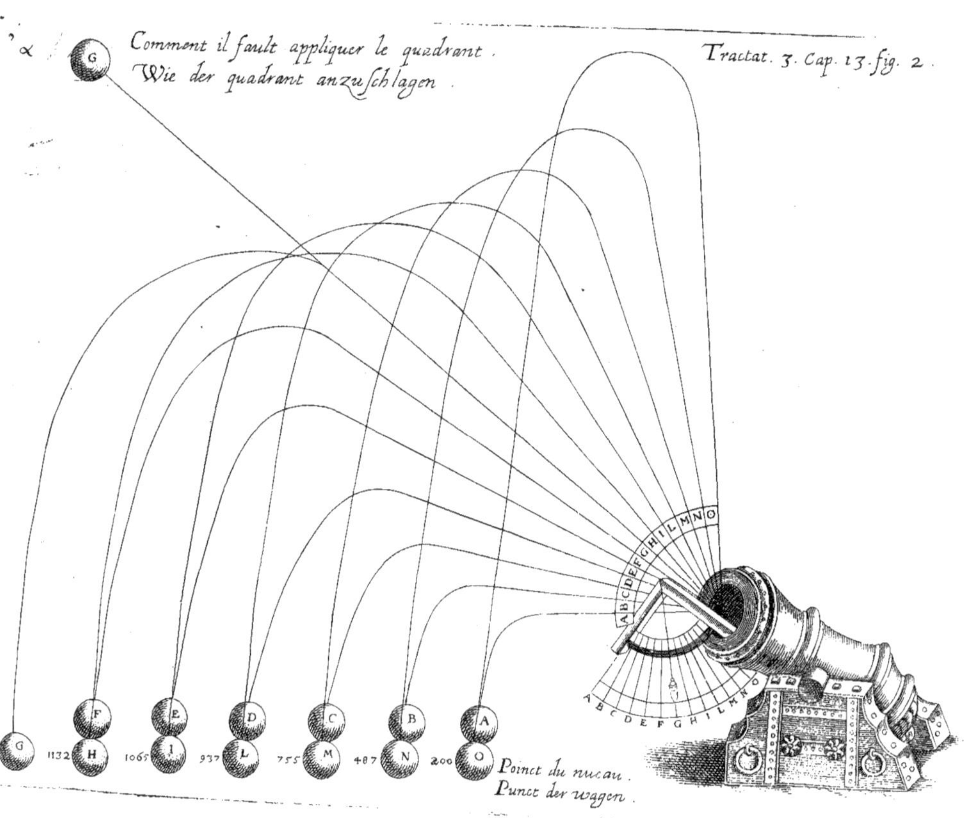

36

[illegible handwritten signature]

Comment on peult mener vne piece d'artillerie sur vne montaigne.
Wie ein stuck auff einem berg zu zihen.

α
Tract. 3. cap. 19. et 20. et 21. et 25.
B 3
O
C
3
5
Cap. 25.
T
B 3
4
P
B
C
5
A
A
2
2
1
A
1
A
1
granada
fagada.
A I
A

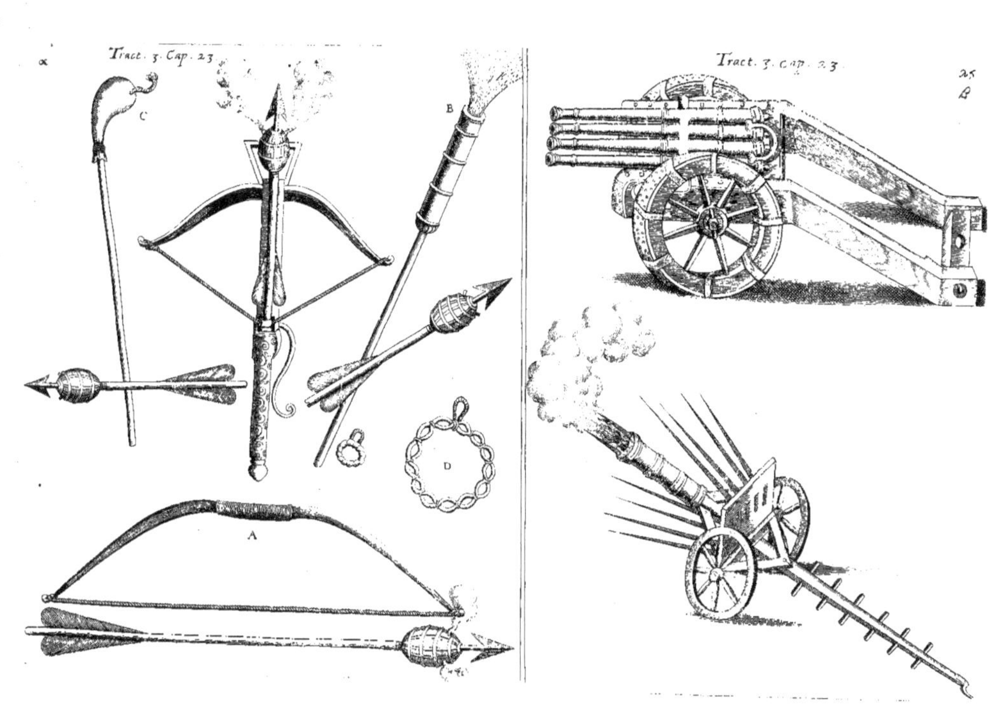
Tract. 3. Cap. 23.
C
B
A
D
Tract. 3. Cap. 23.
25
B

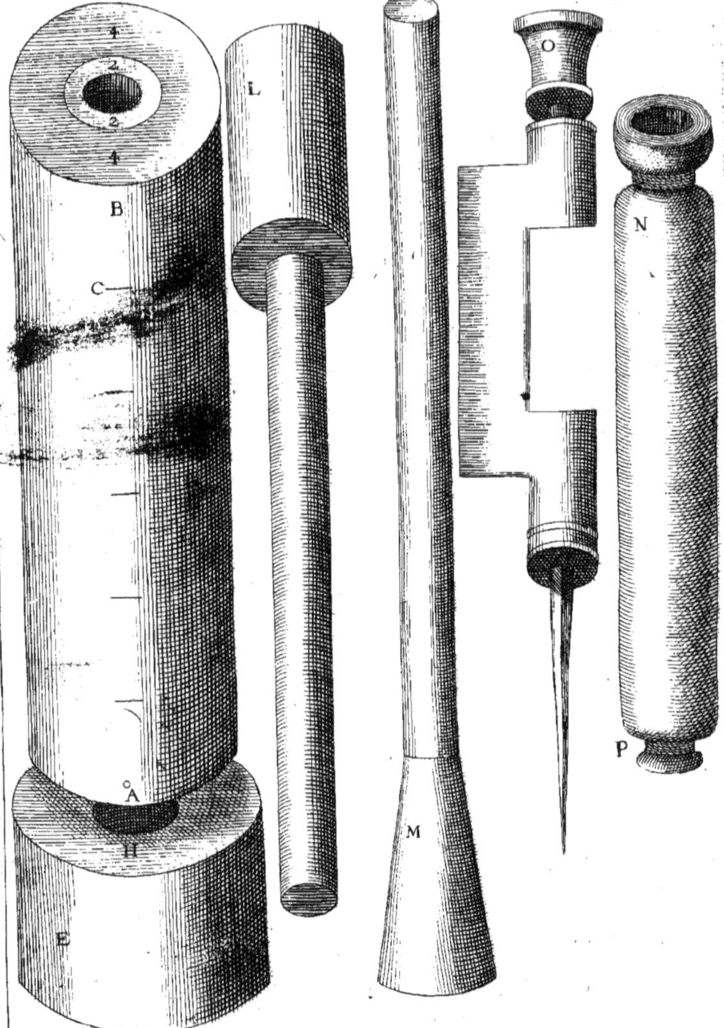
β
4
2
2
4
B
C
A
H
E
L
M
O
N
P

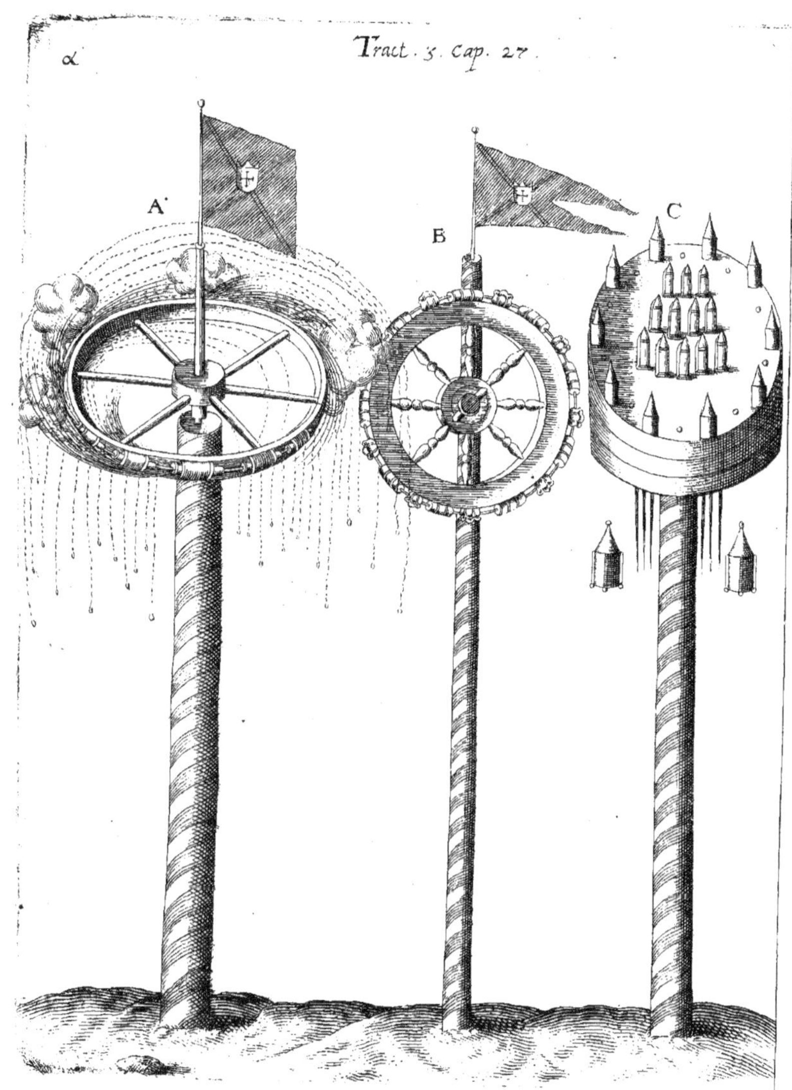
α
A
B
C

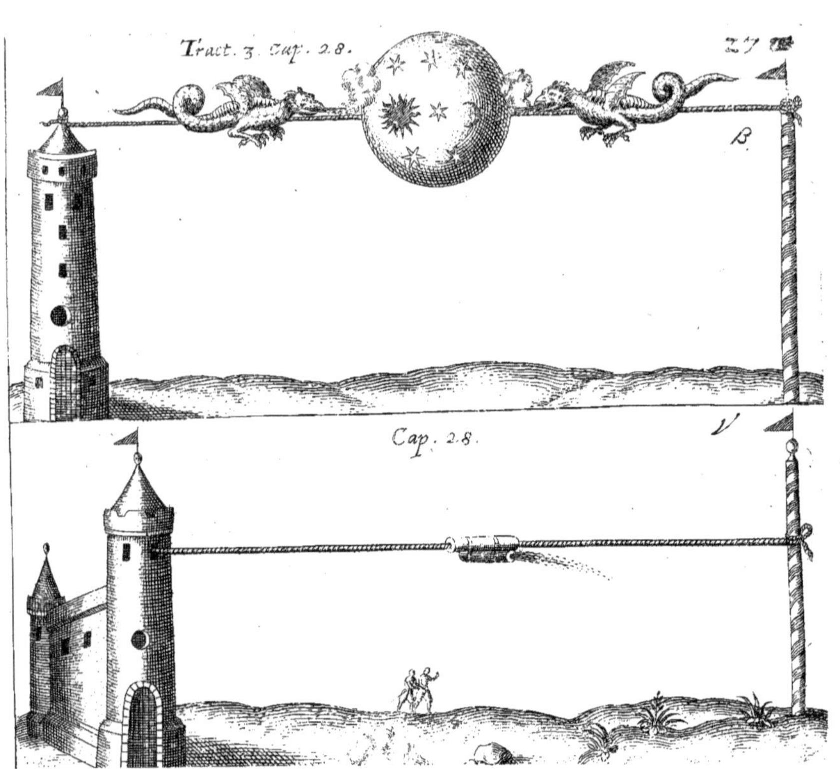
B.
Cap. 28.
V

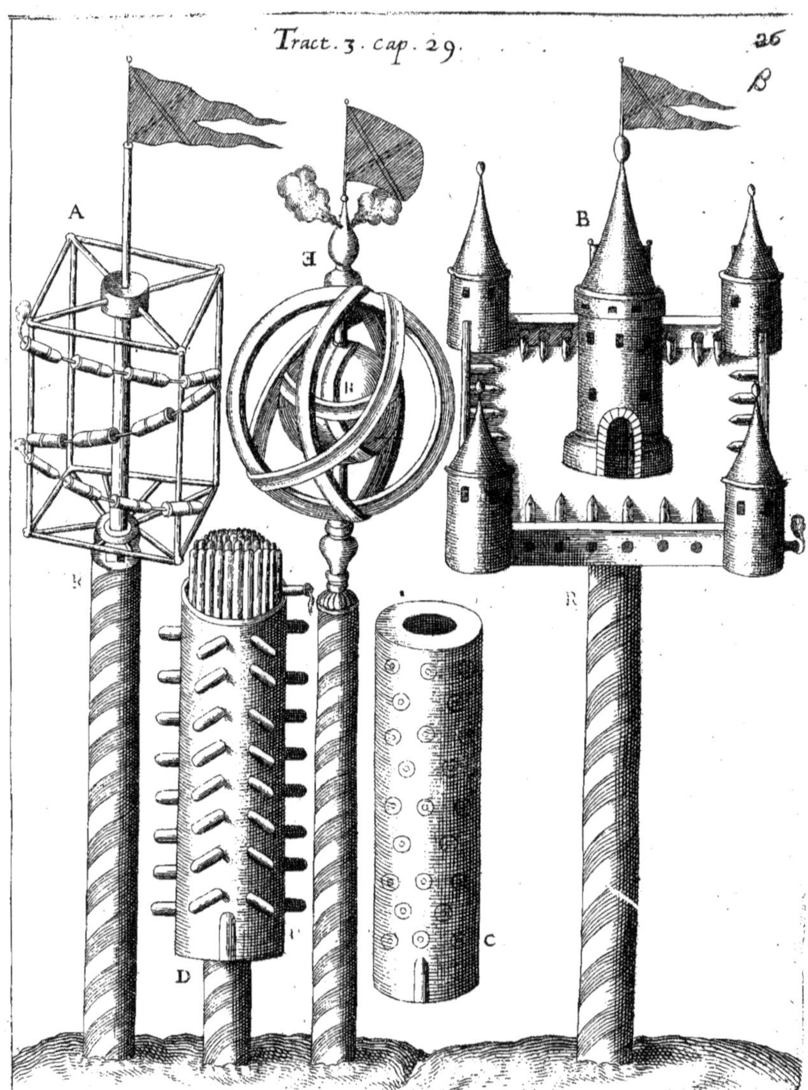
A
E
B
D
C